Kokosnuss

Schau mal, wer da spricht!

Ingo Siegner

Der kleine Drache Kokosnuss

Tolle Witze für Erstleser

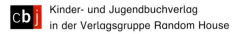 Kinder- und Jugendbuchverlag
in der Verlagsgruppe Random House

Weitere Witzebücher mit Kokosnuss & Co:
• Ingo Siegner, Lustige Witze für Erstleser (Bd. 1, ISBN 978-3-570-15654-4)
• Ingo Siegner, Neue Witze für Erstleser (Bd. 2, ISBN 978-3-570-15820-3)

Verlagsgruppe Random House FSC® N001967
Das für dieses Buch verwendete FSC®-zertifizierte Papier
Condat matt Périgord liefert die Papier Union GmbH.

1. Auflage 2014
© 2014 cbj, Kinder- und Jugendbuchverlag
in der Verlagsgruppe Random House, München
Alle Rechte vorbehalten
„Der kleine Drache Kokosnuss" ist eine Figur von Ingo Siegner.
Artwork und Design: Alfred Dieler, Darmstadt
Umschlagkonzeption: Anette Beckmann, Berlin
Buchgestaltung: Julia Trabel, Ehningen
Lektorat: Hjördis Fremgen
hf · Herstellung: hag
Reproduktion: Reproline mediateam, München
Gesamtproduktion: Print Consult GmbH, München
ISBN 978-3-570-17122-6
Printed in the Czech Republic

www.drache-kokosnuss.de
www.cbj-verlag.de

Kokosnuss

 Oskar

 Matilda

 Mette

 Magnus

 Opa Jörgen

 Lehrerin Proselinde

 Lehrer Kornelius Kaktus

 Dr. Blumenkohl

 Mama von Oskar

 Duftikus Dickbauch

 Lulu

 Markus Medikus

Lehrer Kornelius Kaktus spricht den schlafenden Oskar an.

 Weißt du, was du bist?

 Ja, ein aufgeweckter Schüler!

Opa Jörgen serviert stolz einen Fisch.

 Eine ganze Stunde habe ich mit dem gekämpft.

 So einen schlechten Dosenöffner hatte Mama auch mal.

Dr. Blumenkohl stellt seinen Schülern eine Frage.

 Wenn ich ein Stück Papier in vier Teile zerreiße, habe ich Viertel. Was habe ich, wenn ich es in 1000 Teile zerreiße?

 Konfetti!

Schnarcht Papa Magnus immer so?

 Eigentlich nur, wenn er schläft.

Dr. Blumenkohl hat seinen Schülern einen Papagei mitgebracht.

 Papageien können sehr alt werden. 100 Jahre sind keine Seltenheit.

 Aber der hier muss sehr jung sein. Er ist ja noch ganz grün!

Oskar, hast du dem Papagei die ganzen Schimpfwörter beigebracht?

 Nein, ich habe ihm nur immer wieder gesagt, welche Wörter er auf keinen Fall benutzen darf.

Warum schreiben Maler ihren Namen immer unten rechts auf ihre Bilder?

 Damit man weiß, wo oben und unten ist und wie das Bild aufgehängt werden muss.

 Die schwerste Arbeit muss ich immer schon vor dem Frühstück erledigen.

 Oh je, und was musst du so früh machen?

 Aufstehen!

Wenn du einem Tiger begegnest, musst du ihm nur zeigen, dass du keine Angst hast.

 Aber Opa, du hast doch gesagt, dass ich nicht lügen soll!

Ich habe euch doch erklärt, dass man alles, was man anfassen kann, groß schreibt.

 Aber einen Skorpion kann man doch nicht anfassen!

 Dein Husten hört sich heute schon viel besser an!

 Ich habe ja auch eine ganze Woche lang geübt!

Hast du dir die Stelle gemerkt, wo wir neulich so viele Fische gefangen haben?

 Natürlich, ich habe ein Kreuz an die Bootswand gemacht.

 Und was, wenn wir morgen mit einem anderen Boot rausfahren?

Wir haben heute in der Schule gelernt, warum man Bienen braucht.

 Na, dann erkläre es mir mal.

 Sie fliegen von Blume zu Blume und wischen Staub!

 Ist Tinte eigentlich teuer?

 Nein, ich glaube nicht.

 Dann verstehe ich nicht, warum Mama Mette so sauer war, als mir das Tintenfass auf den Teppich gefallen ist.

Mama, du hast doch vollstes Vertrauen zu mir, oder?

 Natürlich.

 Warum stellst du dann den Kuchen immer auf das oberste Regalbrett.

Wie waren deine Ferien, Lulu?

 Ganz toll, aber für einen Aufsatz zu kurz!

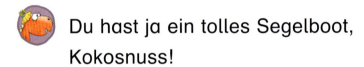 Du hast ja ein tolles Segelboot, Kokosnuss!

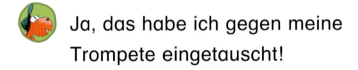 Ja, das habe ich gegen meine Trompete eingetauscht!

 Aber wer macht denn so was?

 Unser Nachbar!

Dr. Blumenkohl erzählt von der Entdeckung des Entenblümchens.

 Duftikus, schnarch nicht so laut!

 Störe ich dich beim Zuhören?

 Nein, beim Einschlafen!

Hast du eine halbe Stunde vor jedem Essen Wasser getrunken?

 Ja, ich hab's probiert. Aber eine halbe Stunde lang Wasser zu trinken, ist wirklich etwas viel.

Fressdrachen-Mama Adele öffnet ihrem Sohn Oskar die Tür.

 Warst du heute in der Schule auch brav?

 Na klar, was soll man auch groß anstellen, wenn man den ganzen Tag in der Ecke stehen muss.

Mama, soll ich dir eine Geschichte erzählen?

 Ja, aber mach's kurz – du musst schlafen!

 Es war einmal eine Vase … und die ist kaputt.

Duftikus Dickbauch kommt mit ein paar Beulen und Schrammen zum Arzt.

 Ich bin vom Baum gefallen?

 Hoch?

 Nein, natürlich runter.

 Wo willst du denn mit dem Hammer hin?

 Den will ich umtauschen!

 Warum das denn?

 Der trifft immer nur meinen Daumen.

Mama, was ist das für ein Satz:
„Es ist kein Ochsenfleisch im Haus."

 Das ist kein Satz – das ist eine
Katastrophe – für Papa.

Kokosnuss und Matilda fliegen durch die Luft.

 Wie schön frisch die Luft heute Morgen ist!

 Kein Wunder, sie war ja auch die ganze Nacht draußen.

Ich glaube, mein Gewissen ist ein bisschen schüchtern.

 Warum das denn?

 Es redet ganz selten mit mir.

Dr. Blumenkohl fragt im Biologieunterricht:

 Lulu, warum legen Hühner Eier?

 Wenn sie sie werfen würden, gingen doch alle kaputt!

Oskar liegt mit Grippe im Bett und wird von Markus Medikus untersucht.

 Sag mir die Wahrheit – ich kann sie verkraften: Wann muss ich wieder in die Schule?

 Wo sind Mücken eigentlich im Winter?

 Keine Ahnung, aber ich wünschte, sie wären auch im Sommer dort.

Kokosnuss und Oskar finden im Dschungel riesige Fußabdrücke.

 Ich schlage vor, wir teilen uns auf.

 Einverstanden. Du schaust, wohin die Spuren führen. Und ich stelle fest, woher sie kommen.

Wir haben einen sprechenden
Papagei gesehen.

 Das ist doch nichts Besonderes.
Ich habe einen Specht gesehen.
Der konnte das Morse-Alphabet.

Opa Jörgen liegt am Strand im Liegestuhl.
Kokosnuss isst gerade ein Eis.
Das Eis tropft auf Opa Jörgens Bauch.

 Brr, ich glaube, das war eine Möwe
vom Nordpol.

 Oskar, geht es dir nicht gut? Du bist so blass!

 Die letzte Pflaume muss schlecht gewesen sein. Die 88 Pflaumen, die ich davor gegessen habe, habe ich ohne Probleme vertragen.

Der Arzt untersucht Kokosnuss.

 Wie viele Stunden schläfst du?

 Höchstens zwei oder drei.

 Für einen jungen Feuerdrachen ist das aber viel zu wenig!!!

 Ach, das macht mir gar nichts. Nachts schlafe ich ja schon 10 Stunden.

Kokosnuss, dein Zeugnis gefällt mir gar nicht!

 Mir auch nicht, Papa, aber wenigstens haben wir den gleichen Geschmack.

 Was sagst du zu der Schnecke in deinem Salat?

 Was soll ich sagen? Sie versteht mich ja doch nicht.

Welches Metall löst sich nicht auf, wenn man es in einen Topf mit Säure wirft?

 Gold!

 Richtig! Wer kann mir den Grund dafür nennen?

 Weil niemand so dumm ist, Gold in einen Topf mit Säure zu werfen!

Lulu steht neben einem Briefkasten und berichtet Kokosnuss von ihren Beobachtungen.

 Ich weiß ja nicht, wer da wohnt, aber die bekommen wirklich eine Menge Post!

Wenn ich abends Kakao trinke, kann ich nicht schlafen.

 Komisch, bei mir ist es genau umgekehrt. Wenn ich schlafe, kann ich keinen Kakao trinken.

Der Mond sieht klein aus, ist aber in Wirklichkeit ziemlich groß. Was schätzt ihr, wie oft die Dracheninsel auf seiner Oberfläche Platz hat?

 Bei Vollmond oder bei Halbmond?"

 Heute haben wir in der Schule gelernt, dass man nur ein Drittel seines Gehirns benutzt.

 Na, so was! Und was macht man mit dem anderen Drittel?

Im Teich des Schulgeländes ist das Angeln verboten.

 Ich angle doch gar nicht – ich gebe einem Wurm Schwimmunterricht!

Wenn du herausfindest, was ich in meiner Faust versteckt habe, schenke ich dir eine Muschel!

 Wegen einer Muschel zerbreche ich mir doch nicht den Kopf.

 Mama, wie viele Tage sind es noch bis Weihnachten?

 Warum fragst du?

 Ich möchte nur wissen, ob ich schon damit anfangen soll?

 Womit anfangen?

 Ein braver Fressdrache zu sein.

Was ist mehr, Oskar, vier oder vierzig?

Oskar schweigt.

 Hättest du lieber vier oder vierzig Ochsen?

 Vier.

 Du lieber Himmel, Oskar, weißt du nicht, dass vier weniger sind als vierzig.

 Doch, aber ich bin Vegetarier und mag keine Ochsen.

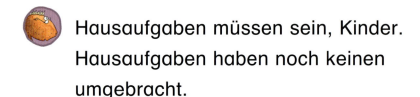 Hausaufgaben müssen sein, Kinder. Hausaufgaben haben noch keinen umgebracht.

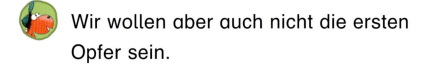 Wir wollen aber auch nicht die ersten Opfer sein.

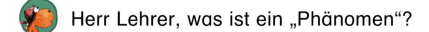 Herr Lehrer, was ist ein „Phänomen"?

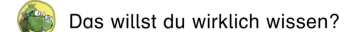 Das willst du wirklich wissen?

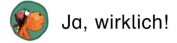 Ja, wirklich!

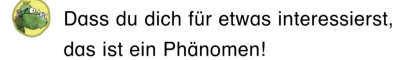 Dass du dich für etwas interessierst, das ist ein Phänomen!

Kokosnuss darf bei Oskar Mittagessen.
Weil ihm erwachsene Fressdrachen immer etwas unheimlich sind, sitzt er schüchtern vor seiner Suppe.

 Warum isst du nicht, Kokosnuss?

 Kann nicht.

 Ist dir nicht gut?

 Doch.

 Magst du keine Suppe?

 Doch, aber ich habe keinen Löffel.

Matheunterricht bei Proselinde.

 Stellt euch einen Pfirsich vor, den ihr in vier Teile schneidet. Wenn ihr ein Viertel wegnehmt, dann das zweite Viertel, dann das dritte Viertel und dann das vierte Viertel, was bleibt übrig?

 Der Kern!

 Kokosnuss, kannst du bitte den Salat im Garten gießen.

 Aber es regnet doch.

 Dann nimm halt den Schirm mit.

 Weißt du, warum der Himmel heute so klar ist?

 Ja, heute ist Walpurgisnacht. Und da fegen viele Hexen durch den Himmel.

Was isst du denn da, Proselinde? Ist das etwa Katzenfutter?

 Ja, ich sollte doch tierische Nahrung zu mir nehmen.

 Mama, bekomme ich noch etwas zu essen?

 Nein, du siehst total müde aus. Am besten gehst du gleich ins Bett.

 Aber ich bin doch nur von außen müde! Mein Magen ist hellwach!

Magnus macht mit Kokosnuss einen Spaziergang.

 Schau mal, das ist ein Specht

 Warum klopft er denn so?

 Er sucht Insekten, die unter der Baumrinde wohnen.

 Ach, und die machen auf, wenn er anklopft?

Wie viel Uhr ist es eigentlich?

Kokosnuss schaut auf seine Armbanduhr.

 In sieben Minuten ist es acht Uhr.

 Ich habe nicht gefragt, wie viel Uhr es in sieben Minuten ist, sondern wie spät es jetzt ist.

Kornelius Kaktus stellt Oskar eine Rechenaufgabe.

 Wenn du zehn Knöpfe in deine Tasche steckst und fünf davon verlierst, was hast du dann in deiner Tasche?

 Ein Loch!

Oskar

Matilda